काल से सघष

सच्ची घटनाओं पर आधारित

तृप्ति शर्मा

Copyright © Tripti Sharma
All Rights Reserved.

ISBN 978-1-68538-727-3

This book has been published with all efforts taken to make the material error-free after the consent of the author. However, the author and the publisher do not assume and hereby disclaim any liability to any party for any loss, damage, or disruption caused by errors or omissions, whether such errors or omissions result from negligence, accident, or any other cause.

While every effort has been made to avoid any mistake or omission, this publication is being sold on the condition and understanding that neither the author nor the publishers or printers would be liable in any manner to any person by reason of any mistake or omission in this publication or for any action taken or omitted to be taken or advice rendered or accepted on the basis of this work. For any defect in printing or binding the publishers will be liable only to replace the defective copy by another copy of this work then available.

मैं यह परियोजना हमारे सभी देशवासियों को समर्पित करना चाहती हूँ। हम सभी ने एक ऐसा समय देखा जिसमें हमनें अपनों को खोया है। इस परियोजना के माध्यम से मैं कोरोना काल में पंच्तत्व में विलीन हुए सभी को मैं भावपूर्ण श्रद्धांजलि अर्पित करना चाहती हूँ।

क्रम-सूची

प्रस्तावना vii

भूमिका ix

पावती (स्वीकृति) xi

1. पहला लॉकडाउन 1

2. अप्रिय घटनाएँ 4

3. व्यापार बंद 8

4. परिवार का महत्व 13

5. देश की ढाल -प्रधानमंत्री नरेंद्र मोदी 15

6. आंदोलन 17

7. नई चुनौती नए प्रस्ताव 25

8. वैक्सीन 28

9. दूसरी लहर 32

10. किये जा तू जग में भलाई के काम 38

क्षमा याचना 41

ग्रन्थसूची 43

• v •

प्रस्तावना

मैं कोरोना काल पर एक परियोजना कार्य प्रस्तुत कर रही हूँ । इसमें मैंनें सभी महत्वपूर्ण चीजों को सम्पूर्ण रूप से समझाने की कोशिश की है।

परियोजना में कोरोना काल के मुश्किल समय क वर्णन है। यह समय बहुत ही पीडादायी रहा, लेकिन सभी ने हिम्मत करके इस काल से संघर्ष किया, उसी से प्रेरित होकर मैंनें यह परियोजना बनाई है।

मैं अपने माता पिता की आभारी हूँ जिनके नैतिक समर्थन और मार्गदर्शन के कारण मेरी परियोजना कार्य समय पर पूर्ण हो पाया है। उन्होंने इस परियोजना के संबन्ध में विभिन्न मामलों में मेरा समर्थन किया और इस परियोजना को करते समय मुझे कई नए नए तर्क मिले जो भविष्य के लिये लाभदायक है।

इस परियोजना को पूर्ण करने में मैंनें कई महत्वपूर्ण वेबसाइट व अखबारों का उपयोग किया है।

भूमिका

काल से संघर्षकहानी है उन परिस्थितियों की जिनसे देश विदेश का हर व्यक्ति या कहें पूरी सृष्टि जूझ रही थी । कुछ लोग कहते है की ये इंसान द्‌वारा बनाई गयी बीमारी है जिसका इलाज इंसान के पास ही है भगवान् से इसका कोई सरोकार नहीं लेकिन क्या यह धारणा सही है? क्या इंसान के हाथ में कुछ भी है ?

इस सृष्टि के रचियता ने हमें केवल सही या गलत मार्ग चुनने की आज़ादी दी है । इंसान को इस प्रकृति को प्रेम देने हेतु धरती पर भेजा गया, लेकिन उसे भी वह ठीक से निभा नहीं पाया । इंसान के हाथ में है भक्ति जिसे वो करना नहीं चाहता । जो है वह करना नहीं और जो नहीं है यानि शक्ति उसका प्रदर्शन करना है । उसी घमंड को तोड़ने के लिए भ्रमांड में उथल पुथल होती है लेकिन हम बुद्‌धिहीन इंसान इसे भी समझ नहीं पाए । इंसानियत का प्रदर्शन करने के बजाए संसार को केवल मतलबी होने का प्रमाण दिया, जिन लोगो ने अपनी भक्ति और सेवा भाव से कुछ करने की सोची उनका बहिष्कार किया ।

जिस समय सबको एक होकर इस समस्या का सामना करना चाहिए था उस समय कुछ लोग पैसे, तो कुछ लोग राजनीति करने में जुटे हुए थे । इन यातनाओं के बाद भी जो अपने पथ पर डटें रहे, भगवान् पर विश्वास करके आगे बढे व अथक प्रयास करके देश को इस महामारी के दौर से मुक्त कराया । ये युद्‌ध मरीज़ और बिमारी के बीच नहीं बल्कि ऐसा प्रतीत होता है मानो देवताओं और राक्षसों के बीच महायुद्‌ध छीड़ा हो ।

इस परियोजना के ज़रिये मैं कोरोना काल में घटित कुछ घटनाओं का वर्णन करना चाहती हूँ । **“काल से संघर्ष”**मेरे व्यक्तिगत विचारों की परियोजना है। आशा करती हूँ कि जिस सोच से मैं लिख रही हूँ वह आप तक पहुंच सके ।

पावती (स्वीकृति)

मैं सबसे पहले भगवान का धन्यवाद करना चाहूँगी जिन्होंने मुझे निमित चुन कर इस परियोजना को पूर्ण करवाया। इस परियोजना से मुझे सद्भाव की अनुभूति हुई और कुछ ऐसे तथ्य सामने आये जो भविष्य में लाभदायक रहेंगे।

मैं अपने माता पिता का भी हार्दिक धन्यवाद करना चाहूँगी क्योंकि उंके सुझाव व निर्देश मेरी परियोजना को पूर्ण करने में सहायक रहे हैं।

प्रधानमंत्री श्री नरेंद्र मोदी जी का भी मैं सहृदय धन्यवाद व नमन करना चाहूँगी क्योंकि लिखने की प्रेरणा मुझे उन्हीं के भाषणों से मिली है।मैं आशा करती हूँ कि भविष्य में भी मैं सत्यता के आधार पर परियोजना करती रहूँ।

1
पहला लॉकडाउन

कोविड -19 की शुरुआत चीन के वुहान क्षेत्र से 31 दिसंबर 2019 में हुई। प्रथम स्तर पर इसे मामूली निमोनिया के तौर पर देखा गया और WHO को इसके बारे में सूचित किया गया, परंतु धीरे धीरे इसने एक लाइलाज महामारी का रूप ले लिया।

पहले तो यह पता लगाना मुश्किल था की संक्रमण हो किस से रहा है, अगर कोविड -19 की चपेट में आ गए तो उसका इलाज क्या होगा? संक्रमण से बचने का क्या कोई उपाए है?

संक्रमण से बचने का सबसे पहला कदम भारत सरकार ने उठाया वो था की किसी भी विदेश से आए हुए पर्यटक या नागरिक को बिना 14 दिन के क्वार्टिन किए हुए प्रवेश नहीं दिया जाएगा। जब तक यह कदम उठाया गया तब तक कुछ लोग इस वायरस के साथ भारत आ चुके थे और वहीं से शुरू हुआ **"काल से संघर्ष"**।

अब जगह जगह कोविड - 19 से संक्रमित मरीज मिलने शुरू हो गये, पहले तो लोगों ने इसे गंभीरता से नहीं लिया लेकिन जैसे जैसे संक्रमण बढ़ता गया सरकार की चिंता भी देशवासियों के लिए बढ़ती गई। हमारे देश के पास न तो इस संक्रमण की पूरी जानकारी थी और न ही व्यवस्था। धीरे धीरे कोरोना का बढ़ता संकट लोगो की जान ले रहा था। लेकिन फिर भी लोग बेपरवाह हुए यहां वहां घूम रहे थे। कितनी ही चेतावनी दी गई लेकिन किसी ने नहीं माना। ऐसा लग रहा था मानो किसी को कोई चिंता

ही न हो । सबका एक ही कहना था "हमें नहीं हो सकता करोना"।

जिसको हल्का बुखार आता वो यही सोचता की ये वायरल है थोड़े दिन में ठीक हो जाएगा, लेकिन ऐसा नहीं था। लोगो की लापरवाही ने जान लेनी शुरू कर दी थी। अब तक जिसे कुछ नही समझा जा रहा था, उससे लोग थोड़ा सा डरने जरूर लगे थे।

ऐसे में प्रधानमंत्री मोदी जी का देश के नाम संबोधन आया जिसमें उन्होंने शनिवार और रविवार को पूर्ण लॉक डाउन की घोषणा कर दी। इस घोषणा से मानो पूरे देश में हलचल मच गई। लोगों में जमाखोरी की होड़ लग गई जैसे लॉक डाउन में किसी को कुछ नही मिलेगा। जगह जगह डिपार्टमेंटल स्टोर पर भीड़ लगी थी। शनिवार और रविवार को न सिर्फ घर में रहना था बल्कि शाम के वक्त जो हमारी सेवा में 24 घंटे तत्पर रहने वाले हमारे सहकारी और पुलिस का थाली और चम्मच बजा उनका स्वागत करके उन्हें धन्यवाद देने को भी कहा गया।लोगों ने पूरी शिद्दत से प्रधानमंत्री जी के कथन का पालन किया ।

शनिवार और रविवार तो जैसे तैसे लोगों ने निकाल लिया । मोदी जी ने जैसा कहा सबने बिलकुल वैसा ही किया थाली प्लेट बजा कर कोरोना योद्धाओं को धन्यवाद भी किया। थोड़ा अंदेशा सबको था की ये एक शुरुआत है कुछ न कुछ आगे अभी बाकी है।

अंदेशा बिलकुल सही था रात होते होते घड़ी में बजे आठ और प्रधानमंत्री मोदी जी टीवी पर लाइव थे। मोदी जी ने देशवासियों से अपील की कि ये घातक बीमारी विदेश से हमारे देश में आ चुकी है और इसको फैलने में समय नहीं लगता। उन्होंने इस वायरस की जानकारी देते हुए कहा कि हमें बहुत सावधानी बरतने को जरूरत है क्योंकि इस वायरस की पूरी जानकारी और उसका इलाज हमारे क्या दुनिया के किसी भी देश के पास नही है। इसलिए अच्छा होगा की हम खुद ही इसे बढ़ने से रोकें। उन्होंने कहा कि हमें सोशल डिस्टेंस बनाना होगा क्योंकि ये बीमारी छूने से ही नहीं बल्कि किसी भी संक्रमित व्यक्ति या वस्तु के संपर्क में आने से फैल सकती है। और इसी वजह से हमें पूर्ण लॉक डाउन लगाना होगा। केवल जरूरी सामान की दुकानें व बैंक ही खुले रहेंगे।

प्रधानमंत्री जी ने ये भी बताया की गरीबों के लिए राशन मुहैया कराया जाएगा। इस वायरस से बचने के लिये सभी को मास्क का प्रयोग करना आवश्यक है। कोविड-19 वायरस किसी भी सतह पर 24 घंटे तक संक्रमण फैला सकता था इसलिये 2 गज की दूरी का पालन करना और बार बार हाथों को धोना अनिवर्य था। इस वायरस से बचने के अलावा कोई और विकल्प था ही नही।

मोदी जी ने यह भी बताया कि किसी भी आवश्यक वस्तु के लिए परेशान न हो। जरूरी सब्जी, फल इत्यादि घर तक पहुँच जाएगा। गरीबों के लिए मुफ्त राशन की भी योजना बनाई गई। देश के प्रधानमंत्री श्री नरेंद्र मोदी जी ने एक पिता की तरह देश के हर एक निवासी को ध्यान में रखते हुए सभी योजनाएं बनाई।

ये घोषणा करनी अपने आप में एक बहुत बड़ा फैसला था क्योंकि जब कुछ भी नही खुलेगा न ऑफिस न स्कूल न सब्जी मंडी न बाजार तो लोग कमाएंगे क्या और खाएंगे क्या?

सभी ट्रांसपोर्ट, दफ्तर, बारात घर, यानी हर वो जगह जहाँ भीड़ इकठ्ठा हो उसे बंद किया गया। इस वायरस को फैलने से रोकने का शायद इससे बेहतर विकल्प नहीं था। अगर इसका पालन ठीक से किया जाता तो हम बहुत पहले ही इससे मुक्त हो चुके होते।

2
अप्रिय घटनाएँ

Sharma was atatcked by a mob led by AAP MLA Tahir Hussain (Video grab) | Photo Credit: Times Now

जहाँ एक तरफ कोविड-19 देश में दस्तक दे रहा था, वहां दूसरी तरफ देश में दंगे भड़काने की कोशिश की जा रही थी।

आम अदमी पार्टी के पूर्व पार्षद तहिर हुसैन, 24 फरवरी 2020 को पूर्वी दिल्ली में दंगे भड़काने व आइ बी ऑफिसर अंकित शर्मा की हत्या के इल्ज़ाम में आरोपित हैं। मैंने जो भी पढ़ा और देखा वो अखबार और टेलिविज़न के माध्यम से देखा, जिसमें दंगे की जगह मीडिया एक एक खबर दिखा रही थी। अखबारों में छपे लेख के अनुसार दंगों के पीछे मास्टर माइंड तहिर हुसैन ही था।

तहिर हुसैन, खालिद शाह के साथ मिल कर दिल्ली में अलग अलग जगह दंगे भड़काने की साजिश कर रहा था । उसका कहना था कि CAA की वजह से मुस्लिम समाज बहुत आहत है।

24 फरवरी 2020 को एक मकान का इस्तेमाल करते हुए तेजाब से विस्फोटक बनाए गए। भोले भाले लोगों को इस कदर भड़काया गया कि वे एक दूसरे के खून के प्यासे हो गए। आइ बी ऑफिसर अंकित शर्मा के पोस्ट मार्टम रिपोर्ट से पता चला कि नाली में फेकने से पहले उनके शरीर पर किसी धारदार हथियार से 51 बार वार किया गया था। एक देशभक्त की इतनी निर्मम हत्या निदनीय थी।

दिल दहलाने वाले इस हादसे को कोई नहीं भुला सकता। इस दिन दरिंदगी का नंगा नाच खेला गया। इस अप्रिय घटना की सब तरफ निंदा हुई लेकिन लगता है की वोट बैंक के आगे सब चलता है। कानून अपना काम भली भाँति जानता है और हमें अपनी न्याय प्रणाली पर पूरा भरोसा है।

Source : https://zeenews.india.com/hindi/crime/36-foreign-depositors-accused-of-spreading-corona-in-india-testimony-will-start-from-today/736943

प्रधानमंत्री मोदी जी ने 24 मार्च 2020 रात 8 बजे सम्पूर्ण लॉकडाउन की घोषणा कर दी थी । 24 मार्च से कुछ दिन पहले ही अलग अलग देशों से तब्लीगी जमात के कई लोग एक कॉन्फ्रेंस में शामिल होने के लिए दिल्ली के निज़ामुद्दीन क्षेत्र के मर्केज़ में इकठ्ठा हुए थे।

हमारे देश में धर्म प्रचार करने वालों के लिए वीजा पर पाबंदी है, सभी विदेश से आये जमातियों ने वीज़ा भारत-भ्रमण के लिये लिया था। मर्केज़ में करीब 3400 लोगों की भीड़ थी। पुलिस के बार बार चेतावनी देने के बाद भी मौलाना मोहम्मद असद के द्वारा कोई कार्यवाही नहीं की गयी।

अंडमान निकोबार की तरफ से जमात में शामिल 10 लोगों के कोविड-19 संक्रमित होने की खबर को, दिल्ली पुलिस व प्रशासन से सांझा किया गया । खबर मिलते ही, बिना देरी किए दिल्ली पुलिस ,डॉक्टरों और कोविड योद्धाओं की टीम ने वहां पहुंच कर पीड़ितों को अस्पताल पहुंचाया ।पुलिस की टीम ने वहा उपस्थित व जो जमाती

पुलिस के आने से पहले वहा से निकल गए थे सबकी सूची तैयार की क्योंकि संक्रमित व्यक्तियों की पहचान व उनका 14 दिन के लिए क्वारेंटिन होना अनिवार्य था ।

जमात से एक संक्रमित व्यक्ति निज़ामुद्दीन से पहले रेल के माध्यम से फिर, हवाई यात्रा के द्वारा कश्मीर पहुंचा, जिसकी वजह से कश्मीर में 80 प्रतीशत लोग संक्रमित हुए । तेलंगाना में भी करीब 50 प्रतीशत संक्रमित इस कॉन्फ्रेंस के कारण ही हुए थे ।

जमातियों को ढूंढना और क्वारेटिन करना बहुत ही मुश्किल था । तब्लीगी जमात के लोग जे जे कॉलोनियों में जाके छुप गए थे। पुलिस की पूछताछ के बाद जब इन संक्रमितों को ढूंढा गया तो इन्होंने पहले क्वारेंटिन होने से मना कर दिया उसके बाद इनसे सख्ती की गई तो डॉक्टर्स के साथ बदसलूकी के अनेक मामले सामने आने लगे।

शुरुआत में इन्हे समझाना मुश्किल ही नहीं नामुमकिन लग रहा था। जमातियों ने कई डॉक्टरों को जो हर समय उनकी जान बचाने का प्रयत्न कर रहे थे उन्हें ही संक्रमित करने की कोशिश की, कभी उन पर उल्टी करके तो कभी थूक कर उनको प्रताड़ित किया । लेकिन हमारे डॉक्टरों को नमन है की वह अपने कर्तव्य से पीछे नहीं हटे। उन्होंने दिन रात एक करके, अपनी जान की परवाह किए बगैर सबको एक समान मानकर अपना काम किया । इस संक्रमण से कई डॉक्टरों ने अपनी जान भी गवाई लेकिन अपने कर्तव्य पर सभी डॉक्टर डटे रहे। किसी किसी इलाके में डॉक्टरों के ऊपर पत्थर बरसाए गए लेकिन इसकी चिंता न करते हुए अपने पथ पर अग्रसर रहे । कहीं कहीं डॉक्टरों को फूलों की बारिश से सराहा जिससे उनकी हौसला अफजाई हुई।

3

व्यापार बंद

मानननीय मोदी जी के 24 मार्च 2020 के भाषण के बाद सब जगह सिर्फ सन्नाटा था, और ज्यादा शांति एक बड़े तूफान का अंदेशा होती है। हमारे प्रधानमंत्री जी ने कहा था कि चिंता की कोई बात नहीं हमारे पास सब सुविधा है तीन महीने का स्टॉक पहले ही हमारे पास तैयार है, लेकिन हमारे यहां कुछ ऐसे भी लोग है जिन्हे ऐसे समय में भी राजनीति सूझ रही थी। कुछ असामाजिक तत्वों द्वारा जनता में यह बात फैलाई गई की मोदी जी जो कुछ भी कह रहे है वो सच नहीं है, सिर्फ बरगलाने के लिए कहा जा रहा है कि हम राशन मुफ्त में देंगे लेकिन ऐसा होगा नही।

जनता में इतना ज्यादा भय, या कहें भ्रम फैलाया गया की कुछ ही दिनों में शहर से गांव की तरफ लोगों का भारी मात्रा में पलायन शुरू हो गया, क्योंकि पूर्ण लॉकडाउन का मतलब कुछ भी काम न होना और जब काम नहीं तो पैसा भी नही होगा । देश का गरीब और मध्यम वर्ग जो की शहर में किराए पर रहता है उसको अपनी रोजमर्रा के खर्चों की चिंता सताने लगी। ये वो तबका था जो रोज कुएं से पानी भरता था, कहने का मतलब है की रोज बस उतना ही कमाता है जिससे उसकी जीवनी चल सके और थोड़ा कुछ बच जाए, लेकिन अब उसको कोई रास्ता नजर नहीं आ रहा था।

सरकार भी सरकार है, उसके पास भी कोई जादू की छड़ी नहीं की रात 8 बजे घोषणा हो और सुबह पांच बजे सबके घर राशन पहुंच जाए।

बस इसी बात का फायदा कुछ असामाजिक तत्वों ने उठाया और लोगों को बरगलाना शुरू कर दिया। सरकार के सामने जनता तक सहूलियत मुहैया कराने का एक कठिन लक्ष्य था जिसे पूरा करने में समय लग रहा था वही एकजुट होकर व्यवस्था संभालने के बजाए कुछ लोग व्यवस्था बिगाड़ने में लगे हुए थे। परेशानी मानो चहुँ ओर से घेर रही थी, एक तरफ भीड़ एकत्रित न हो इसका संदेश बार बार कई माध्यमों जैसे टीवी विज्ञापन, अखबार, रेडियो, फोन और हमारी पुलिस द्वारा भी दिया जा रहा था और दूसरी तरफ लोगों के जत्थे बस अड्डे व रेलवे स्टेशनों पर जमने लगे थे।

डर तो इस बात का था की अगर किसी एक को भी कोरोना हुआ तो ये बहुत बड़ा और भयावह रूप ले लेगा जिससे लड़ना मुश्किल ही नहीं नामुमकिन हो जाएगा। इतनी भीड़ के लिए पुलिस ने सबसे पहले 2 गज दूरी पर गोले बनाए और सभी व्यक्तियों से अपील की और जागरूक भी किया की वो जैसा सोच रहे है ऐसा न सोचें और जितना हो सके दूरी बनाए रखें। जब भीड़ को बेकाबू होते देखा तो अपने घर की ओर पलायन कर रहे लोगो के लिए बस सेवा शुरू की जिसमें सभी सुरक्षा व्यवस्था की गई। कुछ मेरे भाई बहन ऐसे भी थे जिन्होंने साइकिल द्वारा अपने घर तक का सफर तय किया। पलायन इतना जल्दी और अचानक था की किसी को भी इस समस्या से कैसे लड़ा जाए समझ नही आ रहा था।

कुछ दिन बाद व्यवस्था संभली सी दिख रही थी। गरीब लोगों के लिए मुफ्त राशन मुहैया होने लगा था। एक बोरी में आटा, दाल, तेल, चावल, सैनिटाईज़र, मास्क व अन्य घरेलू सामान जन जन तक पहुंचने लगा । कई बड़ी संस्थाएं जैसे राष्ट्रीय सेवा संघ, ने भी अपनी तरफ से जन जागरूकता की योजनाएं बनाई। चंदा इकठ्ठा कर जरूरतमंद लोगों को जरूरी सामान मुफ्त में बाट कर देश के प्रति अपना दायित्व निभाया।

हमारे देश की सबसे अच्छी बात है की हम आज भी अपने संस्कार नहीं भूले । घर के द्वार पर कोई भी आए उसे खाली नहीं भेजते, फिर यह तो अपना देश, इतनी बड़ी परेशानी से जूझ रहा था। सरकार ने अपना काम शुरू कर दिया, जो आम जनता तक पहुंच रहा था। सरकार के साथ साथ देश की जनता भी पीछे नहीं हटी, पूरी सावधानी के साथ सोशल

डिस्टेंसिंग का पालन करते हुए जगह जगह प्याऊ का प्रबंध किया, जो लोग पैदल ही निकल पड़े थे उनके लिए खाना पैक करके दिया गया। क्योंकि सफर लंबा था और मंजिल दूर ऐसे में अगर हम एक साथ थे तो उसकी वजह थी इंसानियत और देशभक्ति। न धर्म देखा न जाति बस अपना काम किया चाहें वो सरकार हो या कोई बड़ी संस्था या फिर आम जनता, सब अच्छाई के पथ पर अग्रसर थे। जिनके पास थोड़ा बहुत भी था वे हिचकिचाया नही बल्कि मद्द के लिये आगे बढ़े। किसी के पास पैसे नहीं भी थे लेकिन भाव थे की मुझे कुछ मदद करनी है तो उसने घर घर जाके कोरोना वॉरियर की तरह काम किया, आस पास सफाई, मास्क वितरण या कहें की इंसानियत धर्म का पालन किया।

किसी के पास अगर स्कूल था तो उसने पलायन कर्ताओ को आराम करने की व्यवस्था की। एक किस्सा ये भी हुआ की कुछ 10 व्यक्ति अपने घर जा रहे थे, गांव पहुंचे तो 14 दिन का क्वारंटाइन करना था जिसकी व्यवस्था स्कूल में की गई। स्कूल की हालत पेंट के मामले में कुछ ठीक नहीं थी, उन्होंने देखा तो स्कूल प्रशासन से बात की और कहा "आप हमें सामान ला दें तो हम इसका रंग रोबन कर देंगे", स्कूल प्रशासन ने बिना देरी किए सारा सामान मंगवाया, स्कूल की रंगत सच में ही बदल चुकी थी। जब उनसे पैसे के लिए पूछा तो उन्होंने यह कहकर मना कर दिया की हम इस काम के पैसे नही ले सकते। आपने इतने दिन बिना पैसा लिए हमारा ध्यान रखा ये हमारी तरफ से आपके लिए भेंट है। इस प्रकार सभी आपस में तालमेल बिठाने की कोशिश कर रहे थे।

इस समय तक हमारे गांव सुरक्षित थे। लेकिन गांव के लोग ज्यादा जागरूक दिखाई पड़ रहे थे । उनको ये बात समझ आ गई थी की अगर हम अंदर से स्वस्थ है तो कोरोनो हमारा कुछ नही बिगाड़ पाएगा । अपने आपको और सशक्त करते हुए उन्होंने घरेलू इम्यूनिटी बिल्डर लेने शुरू कर दिए। कुछ तो कहने लगे की ये तो शहर वालो की बीमारी है हमें नही होगा। फिर उन्हे जागरूक किया गया की शहर गांव कोई भी इस बीमारी से तब तक बचा हुआ है जब तक वो "दो गज दूरी मास्क है जरूरी" का पालन कर रहा है। थोड़ी सी भी ढिलाई जान ले सकती है।

सरकार हर तरफ लोगों को जागरूक करने की कोशिश कर रही थी कि कही भीड़ न एकत्रित हो पाए। हमारे देश में शादी और त्योहार धूम धाम से मानने का चलन है लेकिन कोरोना के चलते सब कुछ बंद था। मंदिर तक बंद कर दिए गए, जो की हमारे लिए बड़ा विषय था लेकिन फिर भी इस बात को भी सभी ने माना । शादी जैसे बड़े कार्यक्रम में जहां अगर सही हालात की बात करें तो कम से कम भी 500 लोग आते ही है लेकिन कोरोना काल में केवल 50 सदस्यों की ही अनुमति दी गई थी।

शादी हमारे यहां एक दिन का नही बल्कि सात दिन तक चलने वाला कार्यक्रम होता है, और ऐसे में केवल 50 सदस्य बुलाना मतलब घर के सभी सदस्यों को नाराज करना। लेकिन ये सभी वायरस के बढ़ते प्रकोप को रोकने के लिए ही था। घर के एक व्यक्ति को कोरोना मतलब पूरे घर और आस पड़ोसियों को खतरा, जिसमें हमारे पास न तो कोई दवाई थी न ही इलाज।

मृत्यु का बढ़ता आंकड़ा चिंता करने योग्य था ऐसे में प्लाज्मा थेरेपी का आना एक बड़ी उपलब्धि थी।प्लाज्मा थेरेपी के जरिए लोग ठीक हो रहे थे । प्लाज्मा वही दे सकता था जिसे कोरोना से ठीक हुए 6 महीने हो गए हों । इस थेरेपी से काफी जाने बचाई गई। क्योंकि ये नया था तो इसके साईड इफेक्ट भी हुए लेकिन उनसे भी धीरे धीरे पार पाया गया।

व्यापारियों के लिए अब भी बंद का माहौल बना हुआ था किसी के पास कोई काम नहीं ।जो भी पुरानी सेविंग्स थी उन्हीं से सब अपना खर्चा चला रहे थे । आमदनी तो शून्य ही थी। लेकिन सरकार ने इसके चलते काफी रियायते भी थी। और व्यापारियों के बारे में सोचते हुए नई पॉलिसी बनाई गई।

जो पुराने तरीके से व्यापार चला रहे थे उनके लिए तो कुछ खास नहीं था। लेकिन जो नए तरीके से काम करना चाहते थे उनके लिए कई दरवाजे खोल दिए गए।

जहां व्यापारियों की हालत खस्ता थी वही बच्चो की पढ़ाई की भी कोई व्यवस्था नहीं बन पा रही थी। सभी विद्यालय बंद थे, माता पिता की चिंता थी की बच्चों के भविष्य का क्या होगा? कैसे इस परिस्थिति से निकला जाएगा? 10वी 12 वी के बच्चों की परीक्षा आधे में लटक गई

थी। सरकार के पास समस्याओं का भंडार था और समाधान निकालने के लिए समय की आवश्यकता थी।

पूर्ण लॉक डाउन का मतलब था सब कुछ बंद, इस दौरान सरकार ने काफी पुख्ता कदम उठाए। घर घर सब्जियां और फल इत्यादि कम दामों पर उपलब्ध कराए। मैं जहां रहती हूं वहां सप्ताह में 2 बार सब्जी व फल की बड़ी गाड़ी आती थी और पूरे सेक्टर में बहुत ही कम दाम में सब्जी का वितरण, सोशल डिस्टेंस का पालन करके किया जाता था। सब्जी बेचने वाले कोरोना योद्धाओं भी कोरोना से बचने के सभी नियमों का पालन किया होता था।

मुझे लगता है की व्यवस्था को संभालने में सरकार को 15 दिन का समय लगा परंतु कुछ चीज़ें सामान्य करने में वे सफल रहे। बच्चों की पढ़ाई और व्यापार को ऑनलाइन कर दिया गया था। अब वह ग्लोबल नेटवर्क पर काम कर सकते थे। इंटरनेट के माध्यम से एक ही समय पर बहुत से खरीददारों से जुड़ कर अपना सामान बेच सकते थे। किराये की चिंता करने की ज़रूरत ही नहीं थी। लेकिन बनाई गई सभी नीतियों को लागू करना अभी बाकी था।

4
परिवार का महत्व

सामान्य परिस्थितियों में आम आदमी की दिनचर्या एक भागम भाग सी होती थी। सुबह सवेरे उठना, ऑफिस और देर रात घर। परिवार को पालने की जद्दोजहद में जैसे वो अपने परिवार को समय देना ही भूल गया था।

इस लॉकडाउन के कारण सारा समय घर में ही व्यतीत हो रहा था। जिसकी वजह से आपसी ताल मेल बन रहे थे। बच्चों का अपने माता पिता के प्रति प्रेम व आदर बढ़ रहा था। सभी परिवार, कमाई न होते हुए भी एक सुकून का अनुभव कर रहे थे। इस मुश्किल घड़ी में अगर कुछ समझ आ रहा तो सिर्फ अपनों का साथ। आस पास की गतिविधियां देख समझ आ रहा था की परिवार कितना जरूरी है।

बच्चो की पढ़ाई अब ऑनलाइन शुरू हो चुकी थी और माता पिता, साथ बैठ कर पूरा ध्यान दे पा रहे थे। कंपनियों ने वर्क फ्रॉम होम देकर अपने कर्मचारियों को निकाला नही बल्कि एक दूसरे का ध्यान रखते हुए, एक अलग रणनीति तैयार की। अब लोगों के मन से भय कम होना शुरू हुआ।

जिन लोगो को कोरोना हो रहा था उनका बहुत बुरा हाल था। उससे भी ज्यादा कोरोना पीड़ित के परिवारों का था। इस लहर में ज्यादातर बुजुर्ग संक्रमित हो रहे थे। जो व्यक्ति 60 वर्ष से कम थे उनको कोरोना हो तो रहा था लेकिन दवाइयों से वायरस पर काबू पा लिया था।

अगर घर में पांच सदस्य हैं और किसी एक को भी कोविड -19 के लक्षण हैं तो पूरा घर ही कोविड - 19 की चपेट में है। ऐसे में पूरे परिवार को ही एहतियात बरतने की जरूरत होती थी। जिस घर ने सभी कोविड -19 से बचने के नियमों का पालन किया केवल वही सुरक्षित रह पाया नही तो इस लाइलाज बीमारी की चपेट में आकर न जाने कितने ही घरों ने अपनो को हमेशा के लिये खो दिया था।

परिवार के महत्व को, एक दूसरे पर बीती और आप बीती से लोगों ने बहुत कुछ सीखा और समझा। एक दूसरे की छोटी छोटी गलतियों को जहां पहले बड़ा बना कर लड़ा जाता था वहीं अब एक दूसरे को खोने के डर से गलतियों को नजरंदाज करना शुरु हो गया था। पुराने खेल जैसे लूडो, कैरम इत्यादि जिन्हे पूरा परिवार एक साथ बैठ कर खेल सकता है प्रचलन में आने लगे। जिस प्रकार पहले महाभारत और रामायण का प्रसारण होते ही गलियाँ सूनी हो जाया करती थी, इस बार सरकार की तरफ से रामायण और महाभारत का पुनः प्रसारण किया गया। इस बार भी उतने ही उत्साह से दोनों धारावाहिकों को पूरे परिवार के साथ देख गया। परिवार का एक होना देश के एक होने जैसा ही है। दूर रह कर भी एक दूसरे की हम मदद कर सकते हैं ये एक नया सबक था। ऐसे ही सभी ने "न्यू नॉर्मल" के नए माहौल में ढ़लना शुरु कर दिया था।

5

देश की ढाल
-प्रधानमंत्री नरेंद्र मोदी

श्री प्रधानमंत्री नरेंद्र मोदी जी

सबका तो मैं कह नहीं सकती लेकिन मेरे लिये हमारे प्रधानमंत्री देश की ढाल हैं। "साबरमती के पुत्र तुने कर दिया कमाल" एक साबरमती के संत थे जिन्होंने हमें गुलामी से मुक्त कराया और दुसरे हैं हमारे प्रधानमंत्री जिन्होंने हमें हमारी गुलामी भरी सोच से निकाल, आत्मनिर्भर होने की प्रेरणा दी। ना जानें कितने लोगों के प्रेरणा स्त्रोत हैं हमारे प्रधानमंत्री मोदी जी। देश में हो रही प्रगति और उससे भी ज़्यादा प्रगति के पथ पर अग्रसर होने का जुनून व्यक्तिगत तौर पर मुझे उन्हीं से मिलता है। ये मेरे विचारो कि परियोजना जो मैं आज लिख रही हूँ इसका हौंसला मुझे मोदी जी से ही मिला है। उन्होने अपने एक भाषण में कहा था कि इस महामारी के अपने अनुभव ज़रूर लिखना जिस से हमारी आने वाली पीढ़ी को इस समय के बारे में पूरी जानकारी मिल सके। उन्होंने नये लेखकों के लिये नई योजना भी बनाई।

कोविड-19 जब शुरु हुआ तब से लेकर अब तक प्रधानमंत्री जी ने देश की ढाल बनकर देशवासियों को ना सिर्फ सम्भाला बल्कि परिस्तिथियों से लड़ने का हौंसला भी दिया। समय समय पर ज़रूरी योजनाएँ लाकर हर कदम पर परेशानियों में साथ खड़े रहे। ग़रीबों को घर मुहैया करवाया, पुराने चूल्हे के बजाए गैस सिलेंडर हर घर तक पहुँचाया। इसका श्रेय प्रधानमंत्री जी के साथ साथ उनकी पूरी टीम को जाना चहिये जिन्होंने ज़मीन पर इन योजनाओं को पूरा किया। हालाँकि कुछ लोग वंचित भी रहे।

हालात गंभीर होने पर ज़मीनी स्तर के अधिकारियों से वार्तालाप करते हुए सबके साथ समस्या का समाधान निकाला। समय समय पर नई योजना जैसे गरीब कल्याण योजना, जन धन योजना आदि ने किसी को भूखा नहीं रहने दिया।

मन की बात के ज़रिये देश की जनता से सीधे संपर्क में रहे। कभी दिये जलाना तो कभी कोरोना योद्धाओं पर फूल बरसाने तक केवल प्रोत्सहित करते रहने की कोशिश प्रधानमंत्री जी करते रहे। कुछ लोगों को लगा कि क्या ऐसा करने से कोरोना चला जाएगा, लेकिन ये सब कोरोना के जाने के लिये नहीं, हमारी सोच को अंधकार से प्रकाश की ओर ले जाने के लिये उठाया गया कदम था।

6
आंदोलन

Rioters set ablaze a shop during clashes between those against and those supporting the Citizenship (Amendment) Act in northeast Delhi's Gokulpuri, on 25 February | File photo: PTI

कोविड - 19 के आगमन से पहले ही हमारा देश एक ऐसे आंदोलन से जूझ रहा था जिसका ना तो कोई सिर था न पैर। विदेश मंत्री महोदया

स्वर्गीय श्री सुषमा स्वराज के नेतृत्व में एक बिल पारित हुआ जिसका मुख्य कारण था पड़ोसी देश में पीड़ित हिंदुओं को संरक्षण देना । हमारे पड़ोसी देश जैसे पाकिस्तान, बांग्लादेश इत्यादि में हिंदुओं पर अत्याचार बढ़ते जा रहे थे और उनके हितों को दबाया जा रहा था। उनकी सुरक्षा एक बड़ा मुद्दा था क्योंकि वर्ष दर वर्ष हिंदुओं की संख्या गिरती जा रही थी । इस बिल से हमारे देश के किसी भी नागरिक को न तो कोई खतरा था न ही कोई संबंध था। हमारा देश ही एक मात्र ऐसा देश है जो धर्म के अनुसार सेकुलर है न की हिंदू बाकी अन्य राष्ट्र अपना धर्म ईसाई बताते है या मुस्लिम या जो भी पूरे राष्ट्र का धर्म होता है । हमारा देश हर धर्म को एक समान सम्मान देता है और अपने विचारों को रखने की छूट भी, यही कारण है की खुल के बोलने के एवज में कुछ लोग देश के सम्मान को क्षति पहुंचाने से भी परहेज नहीं करते।

इस बिल के पास होते ही देश में एक ऐसी गलत फहमी की लहर उठी जिसने लोगों को भ्रमित किया। इस भ्रम ने देश के हर वर्ग को प्रभावित किया। कुछ स्वार्थी लोगों की वजह से पूरे देश को भुगतना पड़ा, जगह जगह आगजनी हुई, दंगे भड़काए गए, भोली भाली जनता को इस बिल के प्रति इस कदर भड़काया गया की वह आंदोलन पर ही बैठ गई।

एक सत्य घटना जो मेरे साथ घटी वो ये की मेरे घर की वाशिंग मशीन खराब हो गई थी तो मैंने एक एजेंसी को संपर्क करके कारीगर को बुलाया। वो कारीगर मुस्लिम समाज से थे और शाहीन बाग के ही रहने वाले थे। उनसे मैंने पूछा की भाई आंदोलन में बैठे लोगों की सच्चाई क्या है? क्योंकि बिल में तो ऐसा कुछ नही लिखा जिससे एक समुदाय को खतरा हो तो फिर इस प्रकार एकजुट होकर प्रदर्शन किस बात का हो रहा है। अब वो दो थे और दोनो की अलग अलग सोच थी, एक ने कहा मैडम आधे लोगों को तो पता ही नही है की आंदोलन होता क्या है माजरा तो दूर की बात है और दूसरा कहता है की मैडम आपको कुछ नही पता ये हमें निकालने की साजिश है। मैंने उसे पूछा की ऐसा क्यों कह रहे हो देश तो जितना तुम्हारा उतना हमारा। हम खाते यही कमाते यहीं हैं ऐसे सरकार नही निकाल सकती। उसने कहा की मैडम हिंदू को ही क्यों शरणागत मिलेगी मुस्लिम को भी दो, मैंने कहा की मुस्लिम समाज को शरणागत

की बात थोड़ी हो रही है यह तो जो अल्पसंख्या में पीड़ित हिंदू है उनकी बात हो रही है। खैर, उसे मेरी बात समझ नही आई और दूसरे कारीगर ने उसे चुप कराया की हम यहां काम करने आए हैं इन सब बातों में उलझने नही।

उनकी बातों से मुझे लगा की किस कदर भ्रम फैलाया जा रहा है की सही बात सुनने तक तैयार नहीं है। ये बिल हिंदू मुस्लिम करने के लिए था ही नहीं बल्कि संरक्षण देने के लिए था। लेकिन ये बात समझ में तभी आती जब गलत फहमी का चश्मा आखों से हटा होता। कुछ असामाजिक तत्व नफरत इस कदर फैला चुके थे जिसे हटाना बहुत मुश्किल लग रहा था।

एक तरफ कोरोना और दूसरी तरफ ये आंदोलन, सरकार करे तो क्या करे। एक कड़ा फैसला धारा 144, दिल्ली में धारा 144 लगाए गई और जितने भी लोग आंदोलन कर रहे थे सबको वहां से हटाया गया। ये कदम जनता की भलाई के लिए ही लिया गया था, अगर किसी एक को भी वायरस से इन्फेक्शन होता तो बहुत बड़ी तादाद में जाने जाती।

- https://www.jagran.com/delhi/new-delhi-city-ncr-insistence-of-farmers-is-overshadowing-lakhs-of-people-of-delhi-and-ncr-daily-jagran-special-21956207.html

एक परेशानी खत्म होती नही की दूसरी खड़ी दिखाई देती है। जहां एक तरफ व्यवस्था पर काबू पाया जा रहा था वही एक और गलत फहमी अपने पैर पसार रही थी। किसान बिल के खिलाफ गलत फहमी फैलाई जा चुकी थी। अब सवाल आता है किसान बिल है क्या ? तो सबसे पहले समझते है कि किसान बिल की क्या जरूरत थी और क्यूँ सरकार ने इतने सालों से चले आ रही खेती के बारे में सोचा?

किसान बिल के लिए हमारे माननीय

प्रधान मंत्री श्री नरेंद्र मोदी जी की किसानों के लिए उत्कृष्ट सोच है। मोदी जी ने कई बार किसानों को अपने भाषण में संबोधित किया है और क्योंकि हमारा देश कृषि प्रधान देश है तो किसान भाइयों के लिए कुछ न कुछ नया और खास कानून आना ही था, जिससे उन्हें उनकी मेहनत का फल अच्छा और सीधा मिले।

इस बिल को किसान भाइयों और देश के सामने सरकार लेकर आए उससे पहले ही किसान भाइयों में यह भ्रांति फैलाई गई की यह बिल किसानों का हक छीनने का बिल है, इस बिल से किसानों का भला नहीं बल्कि कुछ बड़े उद्योगों का भला होना है।

इस बिल में स्पष्ट रूप से लिखा था की किसान भाई अब अपनी फसल सीधे मंडी के दुकानदारों को अपने मनचाहे दामों में बेच सकते हैं। उन्हें किसी भी साहुकार को बीच में डालने की आवश्यकता नहीं है । जो भी रेट दोनो के मध्य तय होगा वो सीधा किसान के खाते में आएगा । लेकिन इस बात को भी गलत तरीके से किसानों तक यह कह कर पहुंचाया गया की यह सिर्फ कागज़ी बातें हैं असलियत में तोह आने वाले समय में मात्र ₹3 की गोभी ₹100 में मिला करे, सरकार यह चाहती है, और ना जानें क्या क्या।

हमारे देश के लोग बहुत ही भोले हैं। मैंने देश को गुलामी में नहीं देखा लेकिन अंदाज़ा लगा सकती हूं कि कैसे हम गुलाम बने होंगे। सच कहूं तो खुद पर कभी कबार गुस्सा आता है कि हम इतने सहिष्णु क्यों है, क्यों हम पहले से ही सतर्क नही रहते, क्यों हम अफवाहों पर ज्यादा भरोसा करते हैं और लिखित रूप से लिखित बिल पर नहीं।

आजकल अगर सबसे बड़ी परेशानी कुछ है तो वो है आधी अधूरी बातों पर यकीन करना। किसान आंदोलन इसी की देन है। कोविड-19 से जहां पूरा देश जूझ रहा था, सभी को आदेश थे कि कोई भी अपने घर से बाहर सिर्फ ज़रूरी काम से ही निकले ऐसे में भारी जनसमूह दिल्ली पहुँचने की तैयारी कर रहा था। न इन्हे कोरोना होने का डर था ना ही संक्रमण फैलाने का खतरा, किसान ट्रैक्टर ट्राली और बसों में भरकर दिल्ली बॉर्डर पर एकत्रित हो रहे थे।

किसानों में गलत फहमी थी की सरकार उनकी जमीन छींनना चाहती है। इसी के चलते ये सब हंगामा था। असामाजिक तत्वों द्वारा लोगों को बरगलाया जा रहा था । किसानों में इतना आक्रोश था की वह कुछ भी करने को तैयार थे। पुलिस और अन्य सुरक्षाबल द्वारा किसानों को दिल्ली में आने से रोका गया । दिल्ली को उत्तर प्रदेश की ओर से गाजीपुर बॉर्डर पर और दूसरी तरफ पंजाब से आ रहे किसानों को कुंडली बॉर्डर पर रोका गया। दिल्ली में कोविड-19 अपनी पकड़ बना चुका था । इस दौरान केंद्रीय सरकार ने फिर एक बार अपना कर्तव्य निभाया और एक अप्रिय संकट को होने से रोका, अगर यह किसान दिल्ली के अंदर आ जाते और गलती से भी कोई संक्रमित हो जाता तो गांवों तक यह वायरस अपने पैर पसार लेता और मंजर और भी ज्यादा भयावह होता।

किसानों को आश्वासन दिया गया की आपकी बात पूर्ण रूप से सुनी और समझी जाएंगी और जल्द ही समाधान निकाला जाएगा। किसान नेता और केंद्रीय सरकार के मंत्रियों के बीच वार्तालाप हुई और कुछ संशोधन किये गए। लेकिन किसान नेताओं ने बयान दिया की उन्हें यह बिल पूर्ण रूप से वापस करवाना है वह इस तरीके के किसी भी बिल के पक्ष में नहीं हैं।

किसानों ने अपना पूरा डेरा बॉर्डर पर लगाया हुआ था। जहां उनके खाने पीने का सामान व अन्य संसाधनों की व्यवस्था थी। कुछ लोगों ने कहा की यह सब फंडिंग की मदद से हो रहा है। किसानों के पास इतना पैसा कहा की वह इतने दिन खेत खलियान छोड़ कर आंदोलन करें। इधर कॉविड-19 की मुसीबत से लोग जीवन मृत्यु के बीच जूझ रहे थे तो दूसरी ओर आंदोलन में बढ़ती तेज़ी सरकार के लिए एक ऐसा मुद्दा था जिसे वापस लेना किसानों की भलाई के विरुद्ध था।

https://www.bbc.com/hindi/india-55881716

किसानों ने 26 जनवरी को ट्रैक्टर परेड निकालने की पूरी तैयारी की और सरकार को आश्वासन दिया कि किसी भी प्रकार की हिंसा नही होगी । मंशा को भांपते हुए पूरी फोर्स को एकजुट किया गया और सुरक्षा के पूरे इंतेज़ाम किये गए। शुरुआत में ट्रैक्टर द्वारा परेड निकाली गयी लेकिन कड़ी सुरक्षा के बावजूद किसान आंदोलन उग्र हो गया। दिल्ली के आइ टी ओ से लेकर लाल किले तक प्रदर्शनकारियों ने खूब उपद्रव मचाया। करीब 400 पुलिसकर्मी घायल हुए और प्रदर्शनकारियों को भी खूब चोटें आई।

किसान प्रदर्शनकारियों ने लाल किले पर कूंच कर तिरंगे का अपमान किया । पुलिस ने खूब लाठी भांजी और लाल किले को जल्द से जल्द खाली कराया। ये बहुत ही निंदनीय घटना हमारे देश में घटी । जगह जगह आगजनी भी की गई। सोशल मीडिया पर मैसेज तेज़ी से भेजे जा रहे थे कि देश का किसान इस व्यवहार के योग्य नहीं है। मेरे पास भी ये मैसेज आया, उस वक्त तक मुझे भी किसान भाइयों के लिए बुरा लग रहा था की आखिर क्यों उनके साथ ऐसा किया जा रहा है। किसान तो खुद भूखा रह कर पूरे देश का पेट भरता है। मैंने सोचा कि कही सुनी बातों

पर क्या भरोसा करना, एक बार बिल ही पढ़कर देखती हूं। मैंने इंटरनेट पर ढूंढा और पूरा बिल पढ़ा । उसे पढ़कर लगा की किसान भाइयों के लिए इससे अच्छा कुछ और हो ही नही सकता। जिस नंबर से मुझे वीडियो आया था मैंने उनको बिल की pdf फाइल भेजी और उनको कहा की आप कृपया इस पीडीएफ को पढ़ और अगर मेरे से कोई बात रह गई है तो मुझे बताएं क्यूंकि मुझे इस संशोधित बिल में कही भी किसी बड़ी कंपनी का कोल्ड स्टोरेज की बात नही दिखाई देती। और मान लीजिए की बाद में कोई बड़ी कंपनी ऐसा करती है तो हमारे यहां कानून है। उन सज्जन ने मैसेज भेजना ही बंद कर दिया।

ये आंदोलन मेरी नजर में आंदोलन नही है। आंदोलन किया जाता है गलत के खिलाफ लड़ने के लिये लेकिन जो चीज़ अभी आई ही नहीं उसे गलत ठ्हराना कहां तक सही होगा। किसी के राजनैतिक स्वार्थ को पूरा करने को आंदोलन नही कहते। आंदोलन करने वाले लोग अपना आपा नही खोते और हमारे देश का किसान इतना भोला है की उसे ऐसे आंदोलन के लिए समय नहीं है। किसान का दर्द मैं समझ सकती हूं क्यूंकि मैं एक किसान की बेटी हूं। मैं बडी हुई हूं अपने पिता की कहानियां सुनकर, उनकी यातनाएं सुनकर, मेरा मानना है की अगर ये आंदोलन सच में किसानों की भलाई के लिए होता तो बात करके मध्यस्ता से जल्द से जल्द समस्या का समाधान निकालना उद्देश्य होता न की बिल वापस लो के नारे लगाने से और ना ही चक्का जाम करने से।

अंत में कहूंगी की न्याय प्रणाली पर भरोसा रखें अगर बिल के लागू होने के बाद समस्याएं आती उसके लिए आंदोलन समझ में आता है। लेकिन जब बिल लागू हुआ नही तो पहले से ही बड़ी कम्पनियों का डर किस बात का है । कभी कभी लगता है की ये डर किसान भाइयों का नहीं बल्कि उन बड़े साहूकारों का है जो सस्ते दामों में किसान से फसल खरीदते कर महंगे दामों में बेचते हैं। वही इस पुराने ढर्रे से बाहर नहीं आने देना चाहते।

7
नई चुनौती नए प्रस्ताव

कोविड - 19 से पूरा विश्व लड़ रहा था लोगों के पास नौकरियां नहीं थी। जिनके पास नौकरी थी उनको पूरा मेहनताना नही मिल रहा था। सबके काम बंद, देश का विकास दर अपने न्यूनतम पर था। सरकार अपनी तरफ से भरसक प्रयास कर रही थी की जनता भूखी न रहे। ऐसे में देशवासियों का भी दायित्व बनता था की वह कुछ नया सोचें। देश जब चुनौतियों से जूझ रहा था, कोई किसी से न मिल पा रहा था तो सोशल मिडिया को एक नए प्लेटफार्म की तरह देखा गया। सभी पिक्चर हॉल बंद होने के कारण फिल्म इंडस्ट्री की कई फिल्म डब्बे में बंद थीं उन्हें भी एक नए प्लेटफार्म की जरूरत थी। लॉकडॉन के समय सभी के पास फोन ही एक सहारा था।

इस जरूरत को समझते हुए इंटरनेट के माध्यम से कई ओ.ट.ट प्लेटफॉर्म शुरू किए गए और एक नई दिशा में अग्रसर हुए। जनता के पास भी मनोरंजन की नई व्यवस्था बनी। मनोरंजन के साथ साथ लोगों ने भी नए अवसर ढूंढना शुरू किया। अब ऑफलाइन के बजाए सभी काम ऑनलाइन शुरू हो गए। जनता ने इस नई जीवन शैली को पूर्ण रूप से अपना लिया था। अब अगर किसी का जन्मदिन मनाना है तो पूरा परिवार अपनी जगह से ही ऑनलाइन आकर सेलिब्रेट करने लगा, छोटी

छोटी बातों में बडी बडी खुशियां ढूंढने लगा।

बच्चों के स्कूल अब ऑनलाइन हो गए थे। यानी अब माता पिता अपने बच्चे की पढ़ाई नियंत्रित कर सकते थे। स्कूल ऑनलाइन होने से कुछ परेशानियां जरूर आई जैसे बच्चों को एक जगह स्थिर करना, उन्हें स्कूल जैसा माहौल देना लेकिन इन दिक्कतों से कुछ ही दिनों में निजात पा लिया गया।

जिन व्यक्तियों एवं ग्रहणीयों के पास काम नहीं था उन्होंने अपने लिए नए अवसर तलाश किए जैसे जिन अध्यापिकाओं की नौकरी लॉकडाउन के चलते चली गई उन्होंने ऑनलाइन ट्यूशन लेना शुरू किया । जहां विद्यार्थियों को ज्यादा अच्छे से और उनके परिवार के सामने पढ़ाया गया। जहां भी सवाल आते उनका तुरंत जवाब देते हुए आगे चला जा रहा था। आर्ट एंड क्राफ्ट की अध्यापिका घर में रखें बेकार सामान से सुंदर सुंदर चीज़ें बनाना सीखा रही थी। कोई गृहणी खाना बनाना सीखा रही थी, तो कोई डांस। इस तरीके से नए प्लेटफार्म से आमदनी और जागरूकता फैलाई जा रही थी ।

अलग अलग प्लेटफार्म पर इतना कुछ क्रिएटिव नजर आ रहा था। हमें हमारे ही टैलेंट का पता चल रहा था। लोगों की प्रतिभाएं अब सबके सामने आ रही थी। समय के साथ साथ व्यवस्था भी संभल रही थी ।

ऑफिस, स्कूल, मंदिर, जिम, किराने का सामान, कपड़े हर एक चीज़ सस्ते दामों में मिल रही थी क्योंकि न तो अब दुकानों का किराया देना था न ही बहुत ज्यादा कर्मचारी ही रखने थे। सबने नई टेक्नोलॉजी के साथ जीना सीख लिया था कहीं भजन बन रहे थे तो कहीं किसी की परियोजना पूरी हो रही थी। धीरे धीरे कुछ रियायतें भी दी जा रही थी । जीवन फिर से पटरी पर आता दिख रहा था।

भारत हर श्रेणी में आगे बढ़ने की कोशिश में लगा हुआ था। चारों तरफ आगे बढ़ने की उम्मीद साफ दिखाई दे रही थी। उस पर प्रधानमंत्री जी के जोशीले भाषण हमें प्रगति के पथ पर अग्रसर होने की हिम्मत देते रहते। प्रधानमंत्री जी ने कई बार देश को संबोधित किया आगे बढ़ने की प्रेरणा दी, यह देशवासियों को ऊर्जा से भर रहा था। इस समय में हम सब अकेले थे और खबरों में रोज़ किसी न किसी की डिप्रेशन की वजह से

मृत्यु की खबरें भी आ रही थी।

प्रधानमंत्री जी ने पूरे भारतवर्ष का ध्यान एक पिता की तरह रखते हुए कुछ कठोर तो कुछ अहम कदम उठाए। जिस प्रकार उन्होंने मन की बात के ज़रिए लोगों की बात सुनी और समझी वह सराहनीय है।

8

वैक्सीन

पूरे विश्व की जनता कोविड - 19 से पीड़ित थी, कहीं से कोई वैक्सीन अभी तक नही आई थी। लोग घरों में बंद थे, और जो बाहर जाते तो मास्क पहनने से सांस लेने में परेशानी होती थी। कोविड – 19, 60 वर्ष की आयु से ज्यादा व्यक्तियों के लिए घातक साबित हो रहा था। 60 वर्ष से कम आयु वालों को भी कोविड - 19 हो रहा था लेकिन उन्हें दवाइयों और क्वारटिन करके ठीक किया जा रहा था। मेरे एक मित्र है जिनकी आयु 60 से कम है वो ऑफिस से आ रहे थे उन्होंने रास्ते से कुछ सब्जी ली। सब्जी लेने के बाद उन्होंने सोचा की हल्का बुखार लग रहा है कुछ खा कर दवाई ले लेता हूं। पास ही एक स्टॉल से उन्होंने खाने का सामान लिया। जैसे ही उन्होंने खाया कोई स्वाद नहीं आया। सर्दी खांसी की शिकायत भी थी। बिना वक्त गवाएं उन्होंने अस्पताल में कोविड - 19 का टेस्ट कराया, टेस्ट पॉजिटिव आने से पहले ही उन्होंने अपने सभी प्रियजनों को संपर्क करके इस बात की जानकारी दी और संपर्क में आए सभी व्यक्तियों को कोविड - 19 टेस्ट कराने की सलाह दी, उनकी सलाह काम आई जितने भी उनके संपर्क में आए सबने एक जागरूक नागरिक की तरह अपने आप को 15 दिन के लिए क्वारेंटिन किया और चिकित्सकों की सलाह से घर बैठे अपने और अपने परिवार का ही नही बल्कि वायरस को अपने नजदीक फैलने से भी रोका।

कोविड - 19 जहां तेज़ी से फैल रहा था वहीं उस पर जीत हासिल करने की जद्दोजहद भी जारी थी। रिसर्च सेंटर में हमारे साइंटिस्ट दिन रात इस वायरस से निजात पाने की कोशिश में लगे हुए थे। वैक्सीन लगभग तैयार ही थी कि टेस्टिंग के तीसरे चरण में आकर फेल हो गई। एक बार फिर देश में जो वैक्सीन को लेकर उम्मीद थी वो प्रभावित हुई। लेकिन हमारे साइंटिस्ट ने हार नहीं मानी, आखिरकार उन्होंने एक साथ 2 वैक्सीन तैयार कर ली।

जनता में खुशी की लहर दौड़ पड़ी, लेकिन कुछ ऐसी भी लोग थे जिनका काम सिर्फ विरोध करना ही था। वैक्सीन से संबंधित तरह तरह की अफवाहों का दौर फिर से शुरू हुआ। कुछ लोग वैक्सीन विरोधियों की बातों में आए भी लेकिन देश की अधिकांश जनता प्रधानमंत्री जी के साथ खड़ी थी।

जनता तक वैक्सीन पहुँचाने के लिए पहले WHO से प्रमाणित कराना होता है। WHO द्वारा प्रमाण पत्र पाकर सभी के लिए वैक्सीन मुहैया कराना भी एक बड़ा काम था।

वैक्सीन बनाने की तैयारी शुरू की गई और यह सुनिश्चित किया की हर प्रदेश में वैक्सीन समय और सही मात्रा में पहुँचाई जाए। विरोधियों ने पहले ये विरोध किया की वैक्सीन सही नही उसके बाद इस बात का विरोध किया की सही मात्रा में वैक्सीन नही मिल रही।

मुझे समझ नही आता कि विरोधियों की रणनीति क्या है,? सरकार छींक भी मारे तो यह छींक सही नही मारी इसको ऐसे नही वैसे छींक मारनी चाहिए थी। विरोध करना प्रदर्शन करना चाहिए लेकिन गलत बात पर, ऐसा मुझे लगता है एक आम इंसान होने के नाते बाकी सबकी सोच अपनी होती है।

किसान आंदोलन को पहले समर्थन आम जनता से भी मिला क्योंकि पहले लगा की किसान भाइयों का हक मारा जा रहा है। लेकिन जब मामले ने तूल पकड़ा तब लोग जागरूक हुए और पता चला की सरकार ने किसान नेताओं से बात कर जरूरी फेर बदल कर दिये हैं। आम आदमी सब देख रहा है और अब और भी ज्यादा सतर्कता के साथ।

खैर वैक्सीनेशन हर राज्य में पहुँचाई गई और पहले चरण में 60 वर्ष से ऊपर वाले व्यक्तियों को ही लगाई गई। दूसरे चरण में 45-59 के बीच सभी का टीकाकर्ण मुफ़्त में किया गया। साथ ही ये भी बताया गया की वैक्सीनेशन का मतलब ये नही है की आप लापरवाही करें, वैक्सीनेशन का मतलब है की मृत्यु से बच सकते हैं अगर कोविड - 19 के लक्षण किसी भी व्यक्ति में दिखते है तो, दो गज की दूरी का पूर्ण रूप से पालन किया जाए और मास्क लगा कर ही घर से बाहर निकले, बार बार सैनिटाइज करना भी जरूरी है।

यह सभी जानकारी वैक्सीनेशन लगवा रहे सभी लोगों को दी गई थी।

हमारे लिए स्वदेशी वैक्सीनेशन आना एक बहुत बड़ी बात थी। एक भारतीय होने पर गर्व का एहसास क्या होता है उसकी अनुभूति हो रही थी। चारों तरफ सिर्फ हिंदुस्तानी ही हिंदुस्तानी छाए हुए थे। तिरंगा अपने आप में कितना खुश होगा ये विचार मुझे बार बार खुश कर जाता था। प्रधानमंत्री जी के नेतृत्व में सब कुछ आसान था, लोगों के घर बन रहे थे, राशन का सामान जिनको जरूरत थी उन्हें मिल रहा था। परेशानियां थी जैसे पेट्रोल के दाम आसमान छू रहे थे। पेट्रोल महंगा होने से सब्जी, फल और बाकी ज़रूरी सामान सब महंगा होता जा रहा था। शहर में भी हर तबके के लोग रहते हैं इसलिए जिनकी तनखवा कम थी उन्हें भारी परेशानी उठानी पड़ रही थी। इधर सभी विद्यालयों में शिक्षकों को आधा मेहनताना दिया जा रहा था। हालांकि सबके लिए ऑनलाइन अवसर इतने ज्यादा उपलब्ध थे की जितना पूरे महीने मेहनत करके कमाते थे वो अब ज़्यादा कमा रहे थे। जो मजदूर पहले ₹400 में आ जाया करता था वही अब ₹600 ले रहा था। तो कुल मिलाकर मुसीबत थी सामान्य वर्ग के लिए क्योंकि जो खर्चा कर सकते थे उन्हें सोचना नहीं पड़ रहा था और जिनके पास नही था वो अपनी हर ज़रूरत को "बाद में ले आयेंगे" पर टालने लगे थे।

इधर विद्यालयों का हाल बुरा था। अभिभावकों का कहना था की हम पूरी फीस क्यों दे, शिक्षक तो घर से पढ़ा रहे है न विद्यालय की बस इस्तेमाल होती है न ही स्कूल का कोई सामान , मात्र एक या दो घंटे की पढ़ाई के लिए हम पूरे पैसे नहीं देंगे, इधर शिक्षकों को भी वेतन पूरा नही

दे रहे थे कुछ विद्यालय।

9

दूसरी लहर

वैक्सीनेशन का दूसरा चरण 60 वर्ष की आयु के बुज़ुर्ग वर्ग के लिये पूरा हो चुका था। जन जीवन सामान्य लगने लगा था। वैक्सीनेशन के आ जाने से हम थोड़े से लापरवाह होने लगे थे। डॉक्टरों के कई बार निर्देश जारी करने के बाद भी बिना मास्क के घूमना शुरू किया जा चुका था। ऐसे में बार बार नियम याद दिलाते हुए कहा गया की जब तक कोविड - 19 का एक भी मरीज हमारे बीच है तब तक लापरवाही न बरतें, लेकिन घर में एक साल से बंद लोगों ने किसी बात की परवाह किए बगैर घूमना शुरू कर दिया था।

हिमाचल में मेरे एक मित्र रहते हैं उन्होंने बताया की दिल्ली वाले हमारे यहां कोरोना लेकर आ रहे हैं, न किसी ने मास्क पहना है न ही सोशल डिस्टेंसिंग का पालन कर रहें है। उन्होंने बताया की दिल्ली में तो बहुत अच्छी सुविधाएं हैं लेकिन हमारे यहां अगर वायरस फैला तो बहुत मुसीबत हो जाएगी।

बाज़ारों में भीड़ लग रही थी। कोई भी नियमों का पालन नहीं कर रहा था। एक बार फिर प्रकृति का शोषण शुरू, यहां वहां थूकना, बिना मास्क के भीड़ भाड़ वाली जगह जाना, दो गज की दूरी मानो जरूरी रहा ही नहीं।

मुझे किसी ज़रूरी काम से बाहर निकलना पड़ा तो मैंने कैब बुक की, उसके ड्राइवर को खांसी थी। मैंने अपना मास्क और सैनिटाइजर लगाया हुआ था, ड्राइवर ने भी मास्क लगाया था लेकिन मुझे डर तब लगा जब

उसने खांसी आते समय मास्क नीचे कर लिया और खांस कर मास्क वापस नाक के ऊपर चढ़ा लिया। मैंने कहा "भैया मास्क लगाने की क्या जरूरत है अगर खांसना ही ऐसे है, ये मास्क इसीलिए पहना है की आपसे किसी भी प्रकार का वायरस किसी और को न लगे"। जवाब आया "मैडम सारे दिन मास्क लगाया नहीं जाता खांसी ही है कोरोना नहीं आप घबराए नहीं", मानो डॉक्टर वही हो। बड़ी मुश्किल से डरते डरते मैं घर पहुंच गई सबसे पहले मैंने अपने घरवालों को सतर्क किया और पूरी तरह से अपने आपको सैनीटाइज करने के बाद, दो घंटे इंतजार किया फिर बाकी सबसे थोड़ी दूरी बनाए रखी जिससे संक्रमण अगर हुआ हो तो पता चल जाए और घर में बाकी सभी सुरक्षित रह सके।

इतनी ज़्यादा लापरवाही अनहोनी का संकेत दे रही थी, लेकिन कोई समझने को तैयार नहीं था। कोविड - 19 की दूसरी लहर का संकट मंडराने लगा था। बार बार चेतावनी दी जा रही थी, खबरों में लगातार बढ़ता मौत का आंकड़ा चीख चीख कर कह रहा था कि "इतनी अनदेखी मत करो"। अनदेखी करने के दो मुख्य कारण थे, पहला ज़रूरत से ज्यादा आत्मविश्वास, " हमें कुछ नही हो सकता, ये बुजुर्गों की बीमारी है, हैं दवाई लेकर ठीक हो जाएंगे"। और दूसरा ये सोचना की "वैक्सीनेशन आ चुकी है अब तो बच ही जाएंगे"।

नियमों की लापरवाही और प्रकृति से खिलवाड़ से कोविड - 19 की दूसरी लहर का संकट चारों तरफ फैल चुका था। कहीं कम तो कहीं बहुत ज्यादा, हमारा देश इस वायरस से लड़ने के लिए बिल्कुल तैयार नहीं था। कोविड - 19 के लक्षण वायरस के किसी के शरीर में प्रवेश करने के एक सप्ताह बाद दिखते थे, लेकिन इस बार वाले वेरिएंट ने इतना मौका नहीं दिया। कोविड – 19 हो जाने के तीसरे दिन बाद ही मृत्यु हो रही थी।

देश के लिए बहुत ही मुश्किल समय था। एक तरफ कोलकाता में चुनाव प्रचार चल रहा था और दूसरी तरफ कोविड - 19 अपने पैर पसार रहा था। प्रधानमंत्री श्री नरेंद्र मोदी जी ने प्रचार छोड़ अपना कर्तव्य निभाया, और तुरंत ही स्थिति का जायज़ा लिया।

दूसरी लहर में हर घर खाली हो रहा था। मौत का ऐसा नंगा नाच न कभी देखा न सुना ही था। चारों तरफ हाहाकार मच गई थी। इतनी तेज़ी

से वायरस फैल रहा था जिसे रोकना मानो असंभव था। अस्पतालों में मरीजों के लिए जगह नहीं थी और न ही ऑक्सीजन। दवाइयों के भंडार भी खत्म से ही थे। जहां लोगों से इंसानियत की उम्मीद करनी चाहिए थी वहां हैवानियत और लालच दिखाई देता था। मेरे कितने ही जानकार इस काल से संघर्ष करने में असफल रहे।

मेरे पड़ोस में अंकल आंटी रहते थे वो अस्पताल अपने दांतों की परेशानी की वजह से गए थे, वहीं से उन्हें ये वायरस लग गया बस अगले ही दिन दोनो अस्पताल में भर्ती हो गए। पहले तो उन्होंने बहुत कोशिश की कहीं से प्लाज्मा मिल जाए लेकिन जिनको भी संपर्क किया गया किसी ने भी उनकी सहायता नही की हमने भी कोशिश की लेकिन परिस्थिति इतनी भयावह थी की मदद करने वालों को क्या दोष दें। उनको प्लाज्मा मिल गया स्थिति कुछ संभली सी लगी लेकिन वो दोनों ही नही बच पाए। हमारे यहां कंधा देना, आखरी दर्शन करने का बहुत महत्व है, लेकिन इस समय ऐसा कुछ नहीं हुआ। ये कहानी मेरी उनको अंतिम श्रद्धांजलि है।

किसी से भी बात करो वहां से बुरी खबर ही सुनाई पड़ती थी। देश में फिर से पूर्ण लॉक डाउन लग चुका था। अस्पतालों की व्यवस्था चरमराई हुई थी । न तो दवाई न ऑक्सीजन, ऊपर से लोगों का बढ़ता गुस्सा। कितने डॉक्टरों को लोगों के गुस्से का शिकार होना पड़ा। डॉक्टरों को भी समझ नही आ रहा था की आखिर करें तो क्या करें। फिर नई रणनीति बनाई गई। सरकार द्वारा ऑक्सीजन एक्सप्रेस चलाई गई, जो हर राज्य में ऑक्सीजन की पूर्ति करती थी। जिन कारखानों में ऑक्सीजन की खपत ज़्यादा थी उन्हें रोका गया। प्रधानमंत्री जी ने विदेशो से भी बातचीत करके ऑक्सीजन सिलेंडर एयरलिफ्ट करवाए और देश में ही ऑक्सीजन बनाने के प्लांट को शीघ्र अतिशीघ्र शुरू करने के निर्देश दिए।

मौत का कोहराम थमने का नाम नहीं ले रहा था।अंतिम निवास में जगह की कमी होने के कारण दूसरे राज्यों से मदद ली जा रही थी। एक चिता ठंडी नही होती थी की दूसरे की बारी। न कोई परिवार साथ लाने वाला न कोई मूर्खग्नि देने वाला था। ऐसा मंजर देखने के बाद भी अगर हम नही सुधरे तो पता नहीं आगे और क्या बाकी है।

अंतिम निवास से उठता धुंआ मन में दहशत पैदा करता है और सोचने पर मजबूर करता है की हम इस धरती पर आए क्यों हैं। यहां गंदगी फैलाने या एक दूसरे के प्रति घृणा फैलाने, तुच्छ लालच के लिए किसी भी हद तक जाने या बिना बात के घमंड करने। धर्म का प्रचार तो मैं भूल ही गई थी मेरे साथ घटित एक और सच्ची कहानी में आपसे सांझा करती हूं। मैं ज्यादातर मेट्रो से आना जाना करती हूं, एक बार मैं अपने घर जा रही थी, मेरे बराबर में एक सज्जन आए और बोले बेटा आप मेरी हेल्प कर दोगे क्या? मैंने मदद के लिए उनका समान पकड़ लिया, नीचे रखने लगी तो बोले नीचे मत रखना उस पर जीसस क्राइस्ट बने हुए हैं, मैंने कहा ठीक है। उनका समान एक सीडी थी और एक पोस्टर रखा था उसमें, उन्होंने सीडी और पोस्टर मुझे दिया और बोले की आप हमारी बातें सुनकर और प्रेयर करना। मैंने कहा मेरे माता पिता ने मुझे जो पूजा पद्धति सिखाई है में उसी से कर लूंगी आखिर पूजा ही करनी है। फिर बोले की देखो मेरा नाम इसमें ब्रदर लिखा है मैं पवित्र हूं। मैंने कहा बहुत अच्छी बात है। इतना कह कर मैं वहां से उठने लगी क्योंकि में किसी भी धर्म के लिए अपने मन में गलत भावना नहीं लाना चाहती। कोई भी धर्म प्रकृति को नष्ट करना नही बताता, कोई भी धर्म लोगों को मारना नहीं सिखाता, कोई भी धर्म धर्म परिवर्तन नहीं सिखाता। क्योंकि मेरे हिसाब से धर्म एक सही, सच्चे और अच्छे मार्ग पर चलना सिखाता है। धर्म हर इंसान का एक ही होना चाहिए प्रकृति की सेवा, अगर हमने प्रकृति की सेवा को अपना धर्म बना लिया तो फिर हमें न ही आंदोलन की ज़रूरत होगी न किसी से बैर करने की, प्रकृति अपने आप सब सही कर देगी। जैसे बगीचे में माली होता है, जिस बगीचे का माली अच्छा वह बगीचा सबसे सुंदर और अच्छा दिखता है। ये मेरा नज़रिया है हो सकता है बहुत लोग मेरे नज़रिए से संतुष्ट न हो, लेकिन किसी की सोच को संतुष्ट करना मेरा कर्म नहीं।

पुलिस कर्मियों ने एक ऐसे योद्धा की मिसाल इस समय में दी की दिल से सैल्यूट है उन्हें। जब मृत के परिवार जन को मिट्टी ले जाने की अनुमति नहीं मिली तो पुलिस के अधिकारियों ने ही कंधा देकर इंसानियत का परचम लहराया। उन्होंने साबित किया की वे देश भक्त

होने के साथ साथ अच्छे इंसान भी हैं।

डॉक्टरों के लिए ये एक बहुत ही कठिन समय था क्योंकि ऑक्सीजन और बेड दोनों की ही कमी थी ऐसे में एक तरफ 35 वर्ष का व्यक्ति जिसके आगे पूरी जिंदगी थी और दूसरी तरफ 80 वर्ष के बुजुर्ग, जीवन दोनों का ही बचना चाहिए। लेकिन डॉक्टरों की असमंजस्ता को समझना बहुत मुश्किल था। जहां एक तरफ परिवार जन अपनों को खोने के डर से हंगामा बरपा रहे थे वहीं इलाज कर रहे डॉक्टरों ने समस्या को समझने की कोशिश करके सही उपचार कर रहे थे।

कुछ लोग तो नकली दवाइयों की वजह से भी परेशान रहे। मेरे एक मित्र को कॉविड-19 के सामान्य लक्षण दिखने पर उसने अपना टेस्ट करवाया रिपोर्ट पॉजिटिव थी। क्योंकि संक्रमण बहुत ज़्यादा न फैलने के कारण उन्हें घर पर ही एकांत करके दवाइयां दी गई। दवाइयां नकली मिलने के कारण उनका संक्रमण ज्यादा फैल गया और बहुत मुश्किल से उनकी जान बचाई गई।

एक किस्सा दिल्ली सरकार का भी सामने आया जो मैंने न्यूज चैनल पर देखा था। प्रधानमंत्री मोदी जी बहुत ही महत्वपूर्ण मीटिंग कर रहे थे, दिल्ली के मुख्यमंत्री श्री अरविंद केजरीवाल जी ने प्रोटोकॉल तोड़कर ऑनलाइन चल रही मीटिंग को सबके लिए ऑनलाइन कर दिया। उसके बाद प्रधानमंत्री जी से जल्दी ऑक्सीजन भेजने की मांग करते हुए ऑक्सीजन एक्सप्रेस को योजना बताया जबकि ऑक्सीजन एक्सप्रेस के माध्यम से राज्यों को सेवा मिलना शुरू हो गया था । उसके बाद प्रधानमंत्री जी ने उनको बताया की आपने नियम तोड़ा है जिसकी वजह से आप आगे की मीटिंग नही कर पाएंगे। इसके बाद अगले ही दिन मुख्यमंत्री जी का वीडियो टेलीविजन और रेडियो पर प्रकाशित किया गया, जिसमें उन्होंने दिल्ली वालों के लिए ऑक्सीजन मांगने वाली बात को सही बताते हुए कहा की मैंने जो किया जनता के लिए किया और प्रोटोकॉल तोड़ने के लिए मैं प्रधानमंत्री जी और देशवासियों से माफी मांगता हूं।

दिल्ली में कॉविड-19 वायरस से बहुत ही मुश्किल समय से जूझ रही थी। जानें ऐसे जा रही थी की लगा अब शायद ही कोई बचेगा, दिल्ली में

इंसानियत दूर दूर तक नही दिख रही थी। जमाखोरी कर मरीजों को मौत के मूंह में धकेलने वाला और कोई नही बल्कि दिल्ली सरकार से अपने को जुड़ा हुआ बताने वाले ही थे। जब इन लोगों के घर रेड कर ऑक्सीजन सिलेंडर और दवाइयों के कार्टन मिले तो सारा माजरा समझ में आ गया। इतनी भारी मात्रा में ऑक्सीजन सिलेंडर और दवाइयां मिलने से दिल्ली की जान में जान आई, लेकिन ऐसे लोग इंसान कहलाने लायक नही जो इतनी बड़ी संकट की घड़ी में अपने मुनाफे के लिए किसी की जान की भी परवाह नहीं कर रहे थे।

दिल्ली में इंसानियत का घटता स्तर सोचने वाली बात है। जहां लोगों को आगे आकर एक दूसरे की मदद करनी चाहिए थी, वहां लोग प्लाज्मा भी मुंह मांगे दामों में बेच रहे थे।

10
किये जा तू जग में भलाई के काम

कुछ ऐसे लोग भी थे जो 2 से 3 बार प्लाज्मा दान कर रहे थे। ऑक्सीजन सिलेंडर अपनी गाड़ी में लगा कर अस्पताल के बाहर खड़े मरीजों की सेवा कर रहे थे। मैंने शुरू में ही कहा था ये लड़ाई दानव और देवताओं के बीच थी। देवता वो जो निस्वार्थ भाव से लोगों की सेवा कर रहे थे और दानव वो लोग थे जो अपने तुच्छ लालच के चलते किसी की जान लेने के लिए आतुर थे।

इस मुश्किल समय से न जाने हम सब कब बाहर निकलेंगे, लेकिन इस परियोजना के माध्यम से मैं अपने जीवन की सीख आप सबके साथ सांझा करना चाहती हूं। हर व्यक्ति बुरा ही है लेकिन अगर जीवन में एक मौका भलाई करने का मिल जाए तो उसे गवाना नही चाहिए, क्या पता जीवन में की गई एक अच्छाई आपको किसी बहुत बड़ी परेशानी से निकाल लाए। अपनी कलम को में एक छोटी सी कहानी से विराम देना चाहूंगी, एक बार एक किसान होता है वो रोज़ अपने खेतों में काम करने जाता, उसकी मां उसे खानें में चार रोटी देती थी। एक दिन वो खाना खाने बैठा तो सामने से एक राहगीर जा रहा था। उसने बोला भाई बहुत भूख लगी है खाने को कुछ मिलेगा। उसने बोला की चार रोटी हैं दो तुम खा लो दो मैं खा लेता हूं। अगले दिन किसान फिर खेतों पर काम कर रहा जैसे

ही उसने खाना किया वैसे ही दो राहगीर आए बोले की भाई भूख लगी है कुछ खाना है, किसान बोला की चार रोटी है आपस में बाट लेते हैं। अगले दिन वो 2 से 3 हो गए किसान ने तीनों को एक रोटी दी और बाकी एक रोटी खुद खा ली।

अगले दिन फिर 4 हो गए किसान बोला तुम सारी रोटी आपस में बाट लो मेरी मां मुझे खाना घर पर ही खिला देगी। लेकिन मुझे एक बात बताओ की तुम लोग हो कौन, कहां से आए हो और कहां जा रहे हो। उन चारों ने आपस में सलाह की और कहा की अगर तुम किसी को बताओगे नही तभी हम तुम्हें बताएंगे किसान बोला भला मैं क्यों किसी से बताऊंगा? चारों बोले हम यमदूत हैं और यमराज जी के आदेश से यहां आए हैं। किसान बोला क्या सच में, अगर ऐसा है तो क्या तुम मुझे बता सकते हो मेरी मृत्यु कैसे होगी? उन्होंने पहले मना कर दिया पर उनमें से एक ने सोचा इसने हमें खुद भूखे रहकर खाना खिलाया है मैं इसे बता देता हूं। उसने किसान को बताया की तुम्हारी मृत्यु तुम्हारी शादी वाले दिन होगी जब तुम अपनी पत्नी से मिलने जाओगे।

किसान उस दिन के बाद अपने काम में लग गया और वे यमदूत दुबारा नहीं आए। अब किसान की शादी हुई, घर में बहु आई चारों तरफ खुशियां ही खुशियां थी। लेकिन किसान के मन में उथल पुथल थी। उसे तो सब पता था।

अब वो अपनी पत्नी के पास जाने लगा तो देखा की सामने सर्प है और साथ में वही यमदूत था जिसने उसे बताया था उसकी मृत्यु के बारे में, किसान को दूल्हे के रूप में देख दूत की आंखों में आसूं आ गए। और आंसू जाकर सर्प के ऊपर गिर गया। सर्प ने पूछा की क्या हुआ तुम रो क्यों रहे हो। यमदूत बोले की कुछ समय पहले इसने खुद खाना न खाकर मुझे खाना खिलाया था और आज मैं ही इसे लेने आया हूं। सर्प और यमदूत की सारी बात नई बहु ने सुन ली और विलाप करने लगी इतने में एक गर्भवती महिला की आवाज़ उसे सुनाई दी, वो कह रही थी की कोई मेरी मदद करो मेरा बच्चा भूखा है मुझे खाने को कुछ तो दे दो।

महिला का विलाप सुन बहु ने सोचा की मेरा तो पति जाने वाला है कम से कम किसी जीव की जान बचे, मैं इस पकवान का क्या करूंगी।

• 39 •

ऐसा सोच कर उसने पकवान से भरी टोकरी डोरी से नीचे लटका दी। बाहर किसान यमदूत और सर्प से बात कर रहा था की एक बार उसे दुल्हन से मिलने जाने दे। नीचे गर्भवती महिला ने खूब अच्छे से खाया और दिल से खूब दुआएं देती जा रही थी की भागों वाली तेरा सुहाग भाग बना रहे। महिला द्वारा दी गई दुआओं में इतना असर था की यमराज जी ने अपने दूत को तुरंत बुलवाया और कहा की किसान को नहीं लाया जाए उसकी लम्बी उम्र की दुआएं मांगी गई हैं जिन्हे खारिज नहीं किया जा सकता है। ये बात सुनकर यमदूत खुश हो गया और किसान को बताया की तुम्हारी मृत्यु को टाल दिया गया है अब तुम खुशी खुशी अपना जीवन यापन करो। किसान खुश हो गया और अपनी दुल्हन से मिलने गया अपने पति को सही सलामत देख दुल्हन खुश हो गई और दोनों ने अपनी अपनी बातें एक दूसरे से सांझा कर अपना जीवन व्यतीत करने लगे।

मेरी इस परियोजना को पढ़ने वाले सभी व्यक्ति खुश रहें और अपनी खुशियां बांटते चले। प्रकृति के प्रति सचेत और सजग रहें, क्योंकि जितना इसका सम्मान हम करेंगे उतना प्यार प्रकृति हमें करेगी। अगर मेरे किसी भी भाव से क्षति पहुंची हो तो मैं उसकी क्षमाप्रार्थी हूं। इस पुस्तक में लिखें सभी भाव मेरे अनुभव एवम् सत्यता पर आधारित हैं।

क्षमा याचना

यह परियोजना मेरे विचारों का संग्रेह है। मैं सभी व्यक्तियों की सोच का आदर करती हूँ, कुछ मतभेद भी हो सकते हैं लेकिन किसी की भावनाओं को ठेस पहुंचाना मेरा उद्देश्य नहीं है। फिर भी अगर मेरि वजह से कोई आहत हुआ हो तो मैं क्षमाप्रार्थी हूँ।

ग्रन्थसूची

इंटरनेट में निम्नलिखित वेबसाइट एवम् लिंक जिनकी सहायता से मेरी परियोजना सम्पूर्ण हो पाई है:-

- https://www|euro|who|int/en/health-topics/health-emergencies/coronavirus-covid-19/novel-coronavirus-2019-ncov

- https://imgk.timesnownews.com/story/Tahir_Hussain_TN_0.png?tr=w-600,h-450,fo-auto

- https://www.timesnownews.com/delhi/article/delhi-riots-aap-councillor-tahir-hussain-used-rioters-as-human-shields-says-delhi-court/620949

- https://www.news18.com/news/india/tablighi-jamaat-delhi-hc-seeks-report-from-police-on-pleas-by-indian-nationals-to-quash-firs-4046261.html

- https://zeenews.india.com/hindi/crime/36-foreign-depositors-accused-of-spreading-corona-in-india-testimony-will-start-from-today/736943

- https://www.pmindia.gov.in/en/news_updates/pms-address-to-the-nation-on-comabting-covid-19/

- https://www.jagran.com/delhi/new-delhi-city-ncr-insistence-of-farmers-is-overshadowing-lakhs-of-people-of-delhi-and-ncr-daily-jagran-special-21956207.html

ग्रन्थसूची

- https://www.bbc.com/hindi/india-55881716

- https://theprint.in/india/anti-caa-protesters-wanted-to-engineer-delhi-riots-not-just-block-roads-says-charge-sheet/504390/

- https://www.patrika.com/political-news/prime-minister-modi-will-give-new-year-gift-to-country-farmers-5584634/

- https://www.youtube.com/watch?v=0rLKG9qOz30

www.ingramcontent.com/pod-product-compliance
Lightning Source LLC
LaVergne TN
LVHW091934070526
838200LV00068B/1158
* 9 7 8 1 6 8 5 3 8 7 2 7 3 *